壺　134×76cm

だるま　110 × 45cm

タペストリー　119 × 78cm

梅の園　139 × 84cm

スマホケース
17 × 10 × 1.5cm

ハンチング帽
縦 26 ×横 21 ×高 11cm

巾着　22 × 25 × 3cm

ベスト　67 × 50cm

■伝統のこぎん刺し■

新・こぎん刺し図案集
205パターン

はじめに

　ここ数年来、こぎん刺しを作ってみたいという方々が大変増えたように思われます。実際にこぎんを刺したバッグや小物、和装の品々にいたるまで、多くのこぎん作品が街中でも見受けられるようになりました。一方、手工芸の展示会場などでは、コートや半纏、マフラーなどの服飾関係、インテリアとして壁面を飾る額絵風のものからモダンなタペストリーの大作まで幅広く、図柄もこぎん刺し本来の幾何学模様から熨斗目などの吉祥文様や具象柄など多岐に及んでいます。

　こぎん刺しは多くの品々に応用され、しかも昔ながらのままではなく、現代に溶け込んだ多彩な色とパターンで、これからも進化を続ける手工芸であることは論を俟ちません。

　最小単位のデザイン・パターンをどのように組み合わせ、何処に当てはめるかでも模様は大きく変わり、そのパズルのような組み合わせはまさに千変万化と言ってもよいでしょう。昔から伝承され、時代という試練をかいくぐって生き残った洗練されたデザインと共に、これらをベースに今に息吹くこぎん刺しの図案が沢山生まれています。

　本書では新たなこぎん刺しパターン集として、前著「こぎん刺し図案集165パターン」、「続・こぎん刺し図案集118パターン」に続く第三弾です。掲載の図案は様々な組み合わせが可能で、また単独でも充分に使用可能な図案となっています。前著・前々著と併せて使用することにより、創作こぎん刺しのまたとない手引き書として大いに活躍するものと確信しています。本書によってこぎん刺しの世界をより豊かに育んでいかれることを願ってやみません。

　　　　　　　　　　　　　　髙木 裕子

陸上自衛隊第９師団第９音楽隊の皆さん
（後方のバスに著者創案のこぎん柄を配置）

目　次

こぎん刺しの基礎

材料と用具

◆布
コングレスクロス・・・木綿平織地で、こぎん刺しに最適な布です。

ミニコングレスクロス・・・コングレスクロスよりもやや細い糸で細かく織られています。

麻平織地・・・帯やタペストリーに使います。

ファンシーヘッシャン・・・麻平織地で、太めの糸で粗目に織られ、タペストリーなどに使います。

◆糸
こぎん生成糸・・・木綿の甘縒りの糸で、こぎん刺し用として6本縒り、8本縒り、12本縒りがあり、布の種類に応じて使い分けます。

こぎん染糸・・・こぎん生成糸や織用の結束糸を特注で染めたものです。8本縒りがあります。

野蚕糸・・・野生の蚕から作られた絹糸です。

◆針
こぎん針・・・専用のこぎん針を使います。

◆その他の用具
2ミリ方眼紙・・・図案を創作する場合や、図案の続きが分かりにくいとき、書き加える場合に便利です。

マグネットマーカー・・・メタルプレートの上に図案を置いて、刺している段にマグネットを合わせ、図案を確認しながら刺していきます。

指ぬき・しつけ糸・定規・ハサミ（大・小）

図案の見方と配置の仕方

◆図案の見方
① 方眼1目を緯糸1本、経糸1本に数えます。

② 図案中で、横の太い線は布の表に刺した糸が渡る目数です。線が書かれていない部分は、方眼の数だけ刺した糸が布の裏側を渡ります。

③図案が半分しかない場合　図案が左右対称の場合は縦中心を決め、一方の側を刺し、次に反対に向かって図案を追っていきます。また、図案が1/4しかない場合でも考え方は同じで、縦中心線から反対に見て、半分刺し終わったところで、横中心線から反対に半分を見ます。

④総模様の場合　1模様がどこから始まり、どこで終わるかを見極め、入れる模様数だけ繰り返し、終わりは始まりと同じようになるようにします。つまり左右・上下対称に模様を配置します。

◆配置の仕方
図案の目数と段数を数え、布の中心と図案の中心を合わせ、模様の大きさや配置を確かめてから布を裁ちます。

糸継ぎ（刺し終わり）のコツ

作品をきれいに仕上げるポイントのひとつは、刺し終わりや糸継ぎの位置をどこにするかにあります。

糸は刺しているうちにどうしても引っ張られてつれてくるため、常に同じ位置（例えば布の端）で糸を終えたり糸継ぎをしていると、その部分の布が固くなったり、でき上がったときに布が波打つ原因になります。その様にならないためには、刺し終わりや糸継ぎの位置を分散させることです。まず中心から刺し始め、布端では糸にたるみを持たせて折り返して次の段を刺し、刺し終わり（糸継ぎ）を布の中心より右寄りにしたら、次に終える（糸継ぎする）ときは中心より左寄り、という具合です。

ちょっとしたことですが、大きな作品になればなるほどこのコツが活きてきますので、ぜひ実践してください。

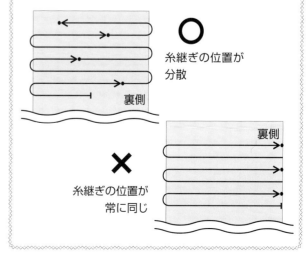

○ 糸継ぎの位置が分散

裏側

× 糸継ぎの位置が常に同じ

裏側

001

タペストリー
136 × 50 cm

002 タペストリー 150×86 cm

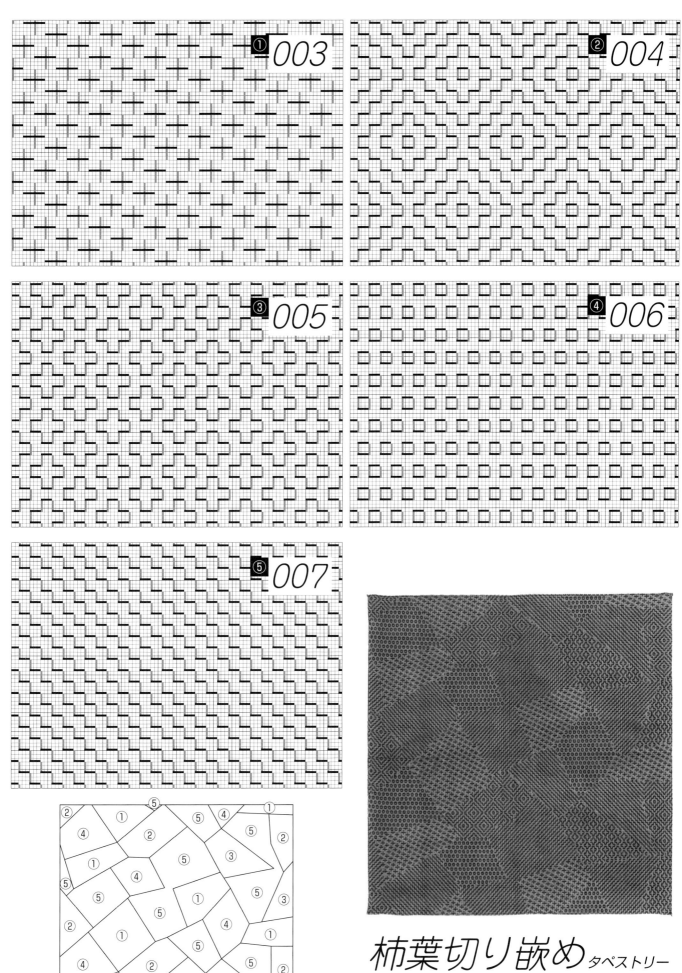

① *003*

② *004*

③ *005*

④ *006*

⑤ *007*

柿葉切り嵌め タペストリー
49 × 48 cm

9

タペストリー（東照宮風柄）
70 × 45 cm

008

011

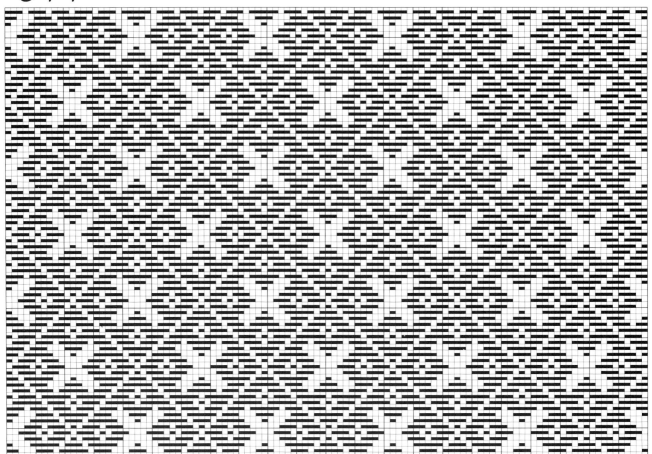

012

015

016

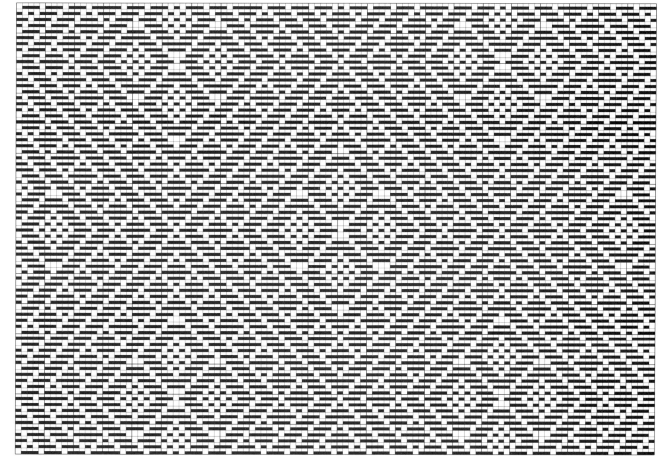

019

020 田のくろ刺し

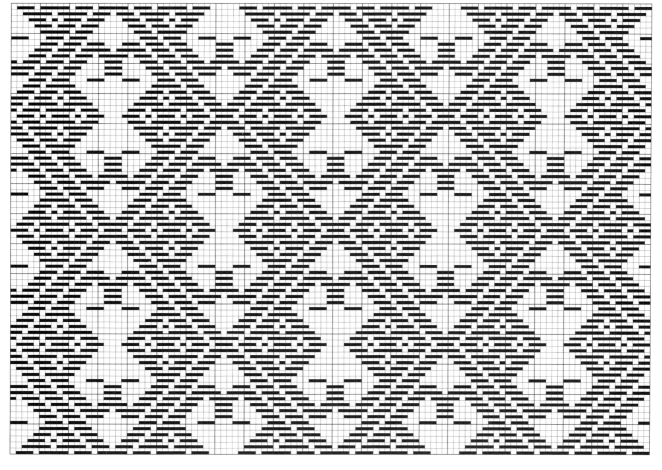

023 四ッコゴリのバリエーション

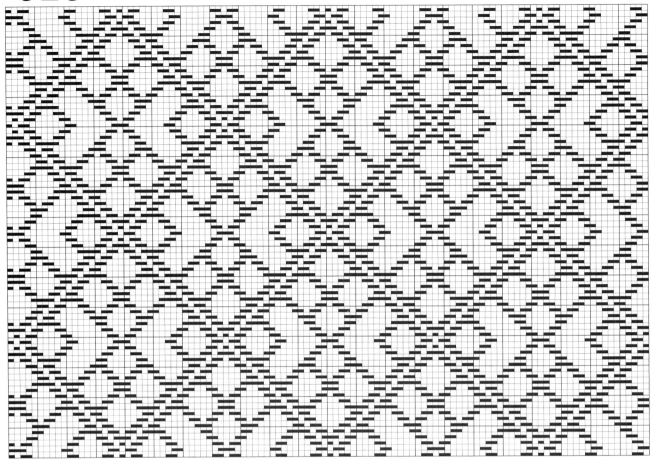

024

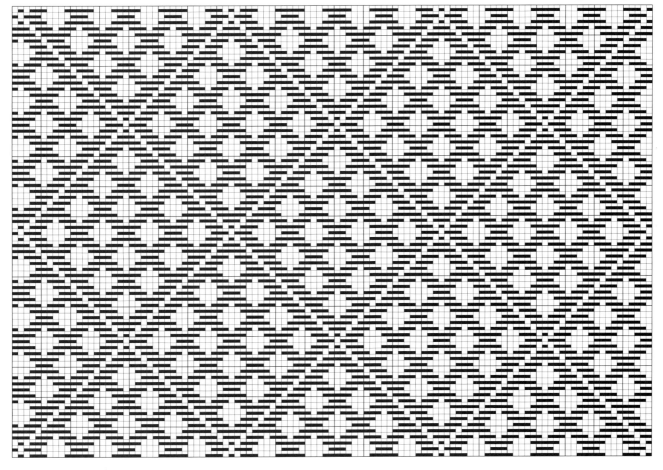

027 花コつなぎの応用

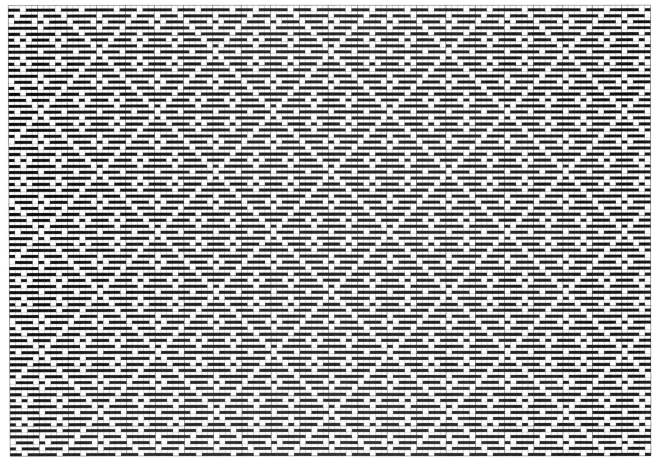

028

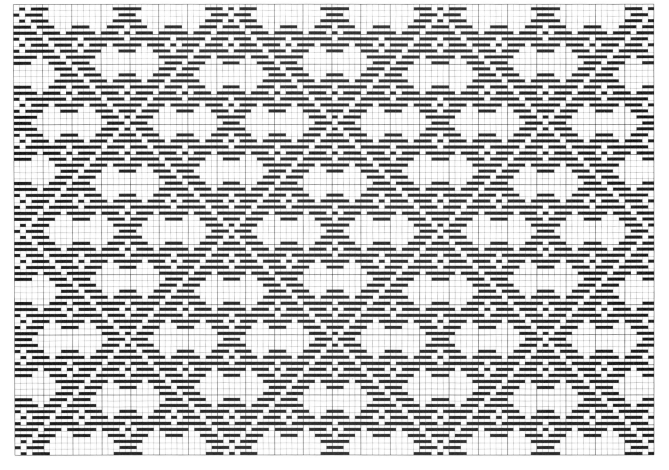

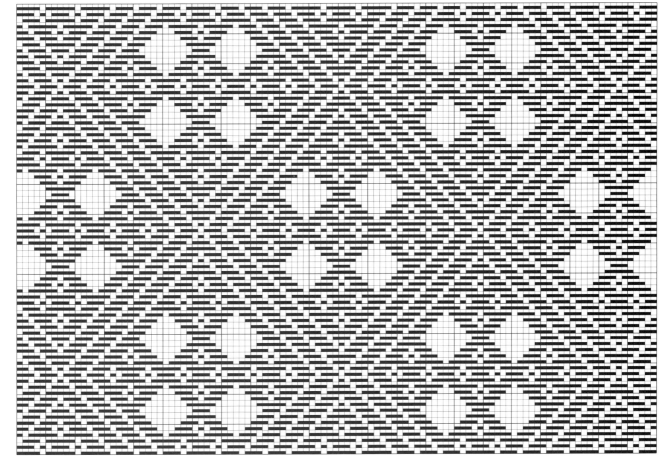

031 サヤ型バリエーション

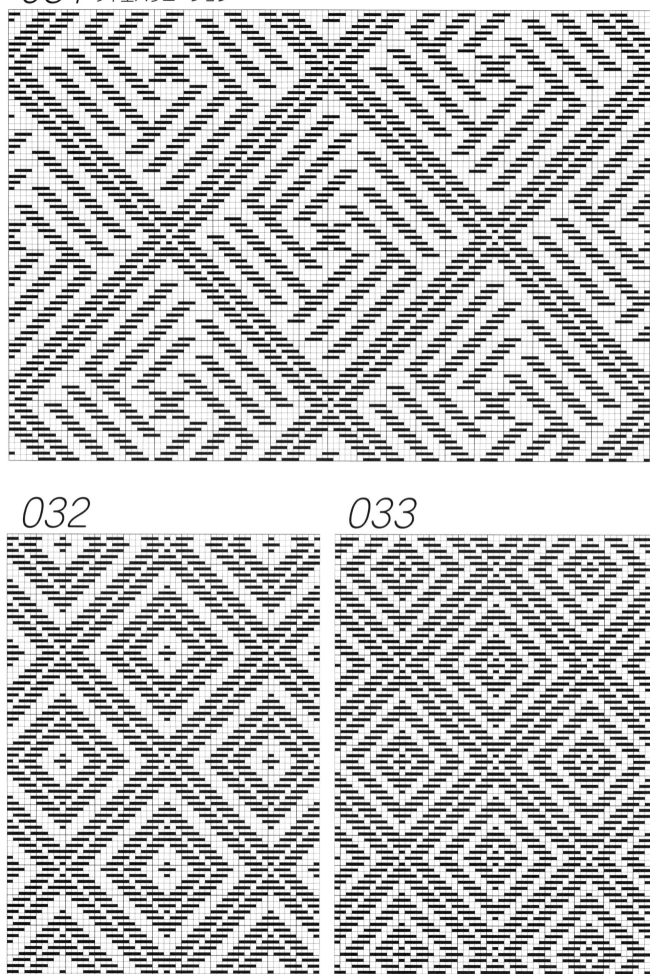

032

033

035

036

037

038

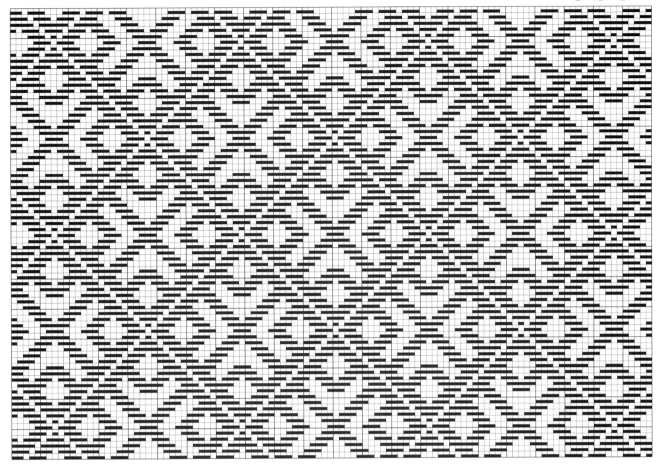

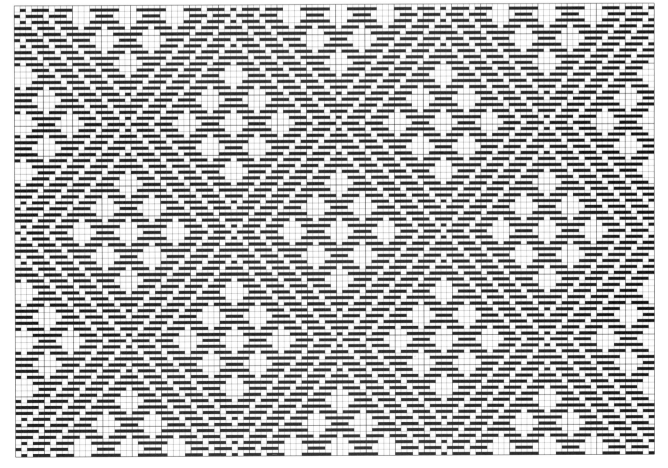

041

042

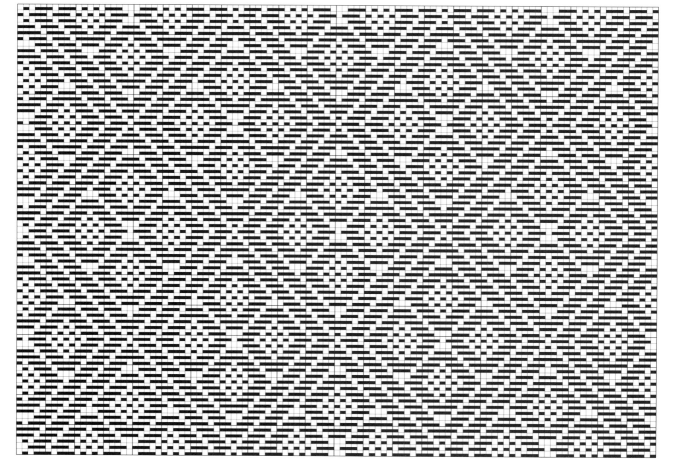

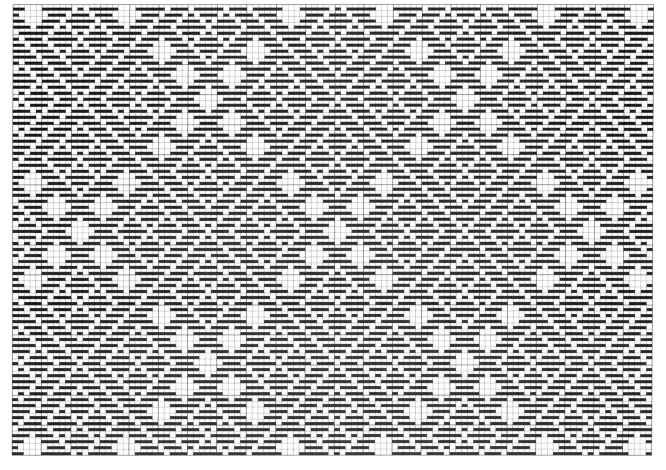

045

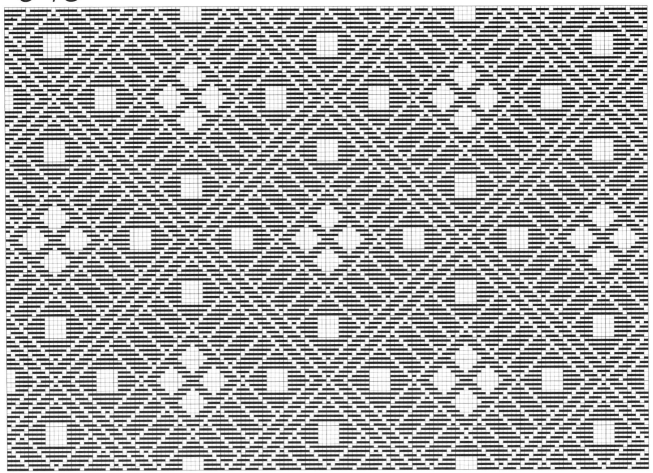

046

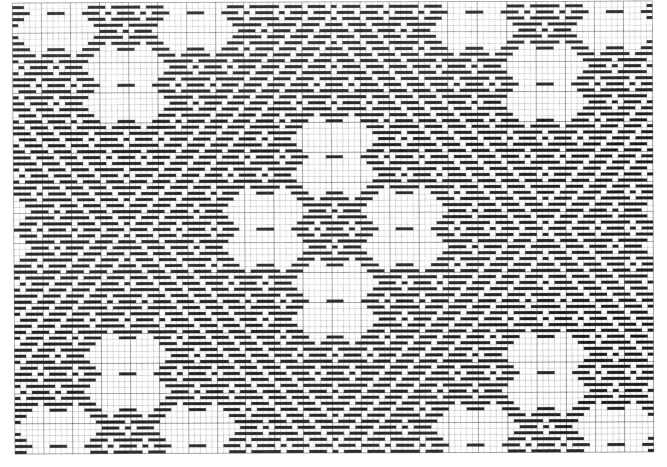

049 渦巻き（一）

050 馬のクツワ変形

053

054 サヤ型応用

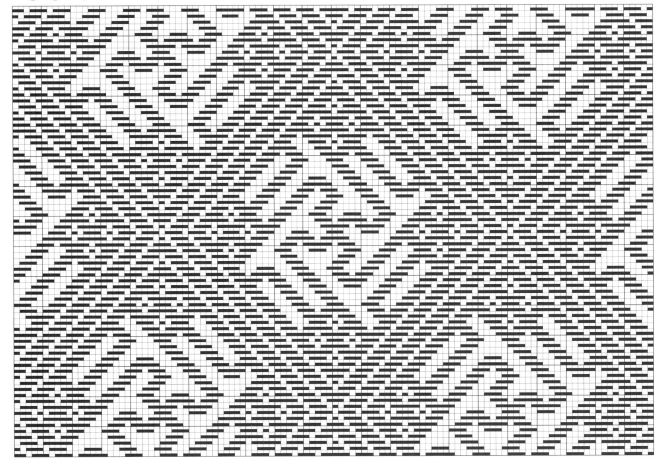

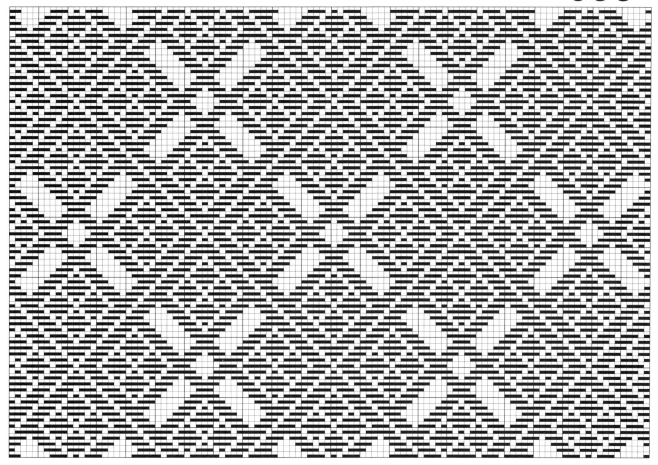

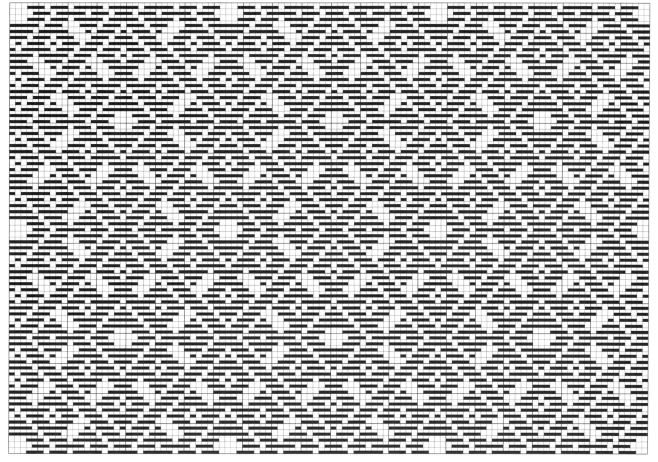

057 馬のクツワのワク付き

058 サヤ型変形

タペストリー　89×31㎝
（参考作品）

鶏　85×38㎝（参考作品）

タペストリー
173×87㎝
（参考作品）

060

061

064

065

067

068

069

072 雪の結晶バリエーション（一）

073 雪の結晶バリエーション（二）

075

ポーチ
9 × 21 × 8㎝
（参考作品）

小物入れ
7 × 10 × 3㎝ （参考作品）

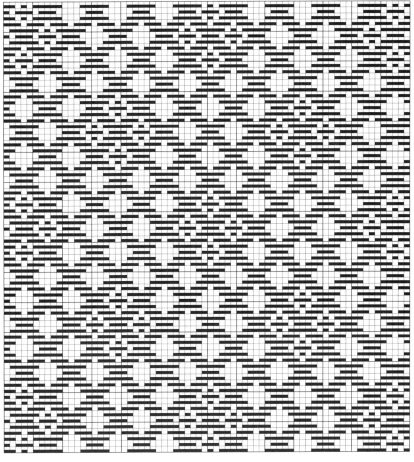

076

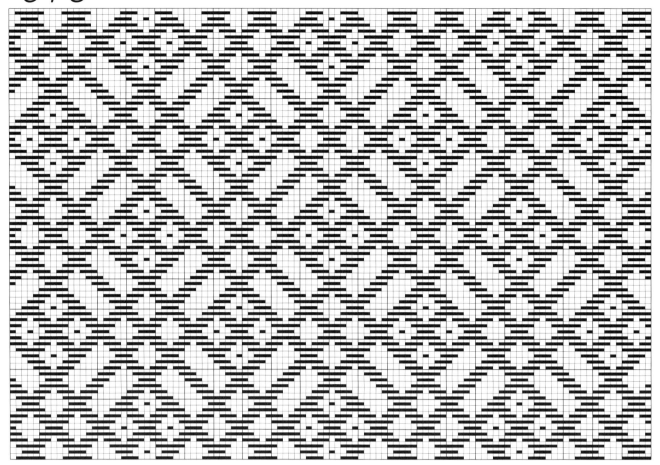

077

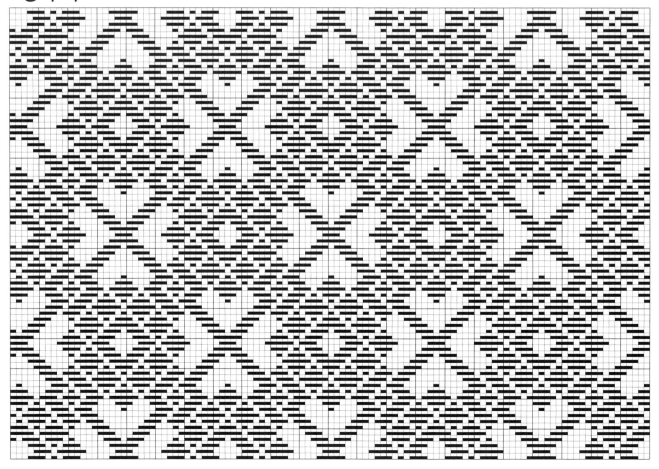

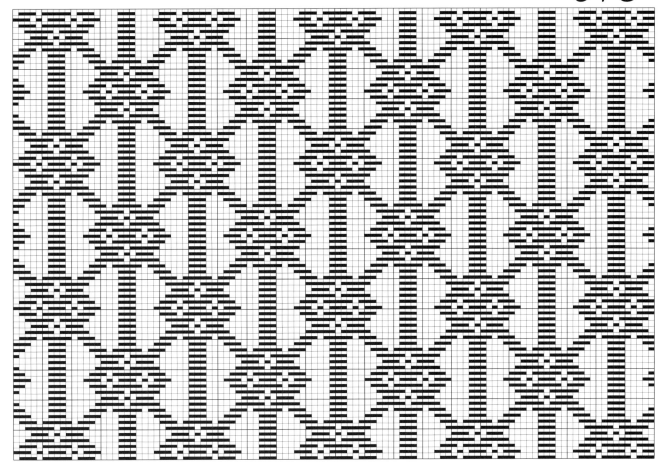

083

084

085

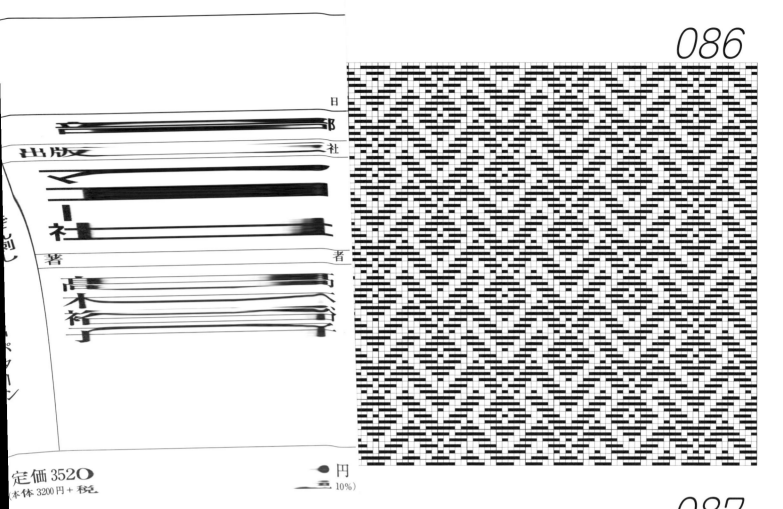

087

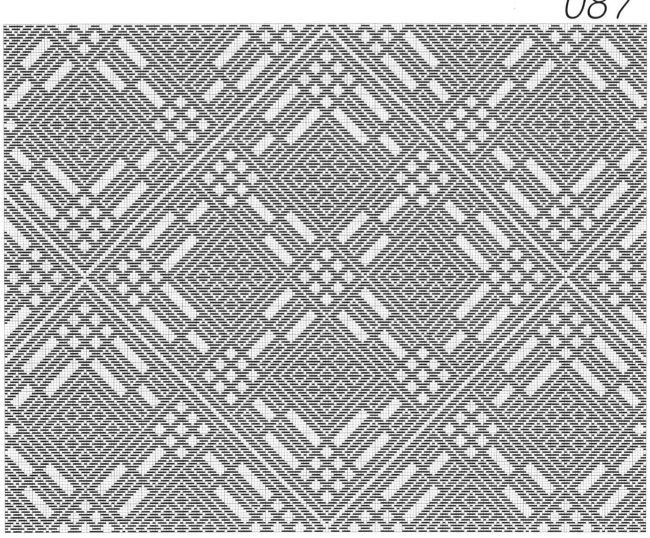

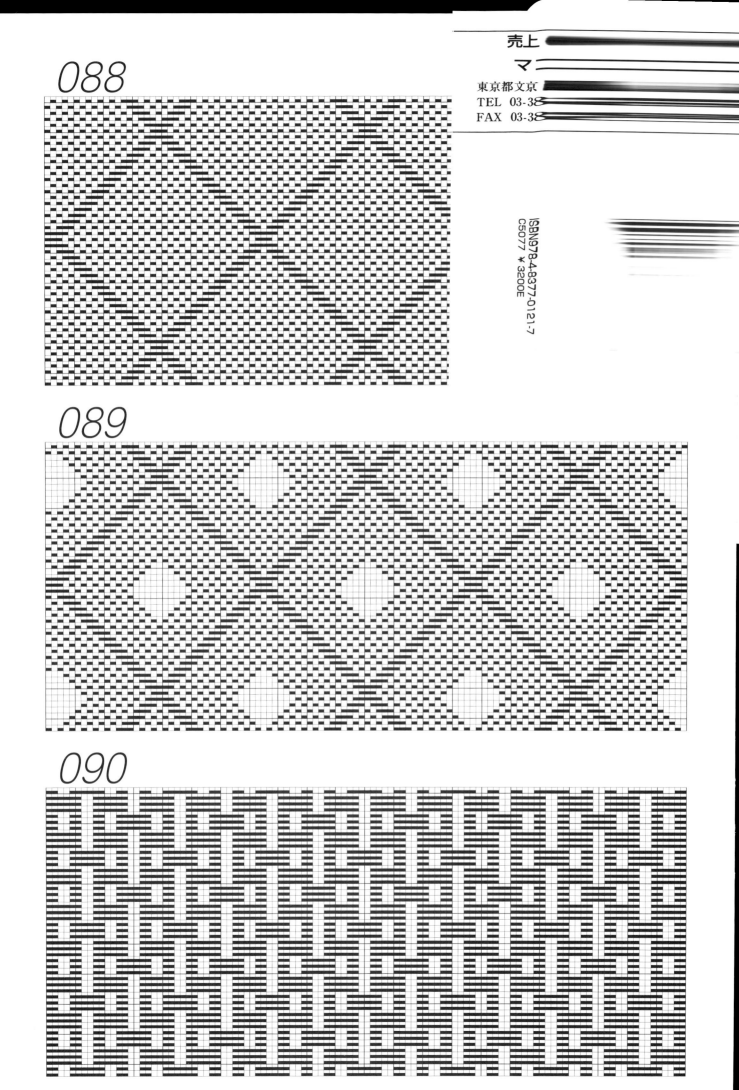

088

089

090

東京都文京
TEL 03-38
FAX 03-38

ISBN978-4-8377-0121-7
C5077 ￥3200E

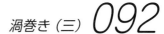

093

094

097

098

巾着 28 × 26 × 3cm
（参考作品）

巾着（奥） 18 × 16 × 3cm
（参考作品）

101

102

鯨　92 × 41㎝ （参考作品）

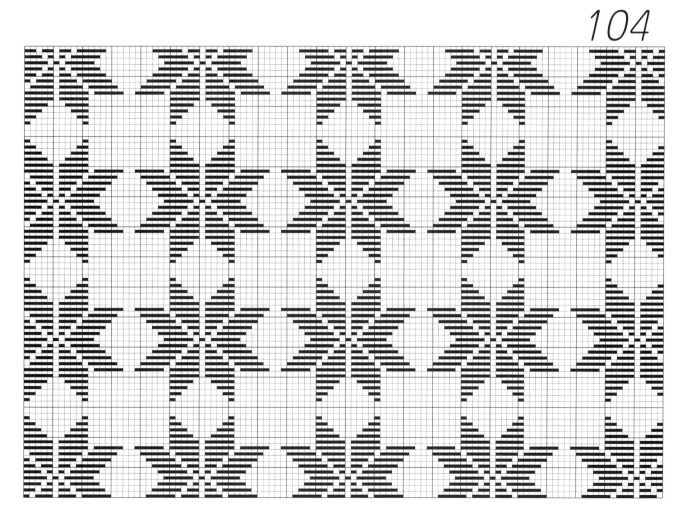

105 梅づくし（一）

106 梅づくし（二）

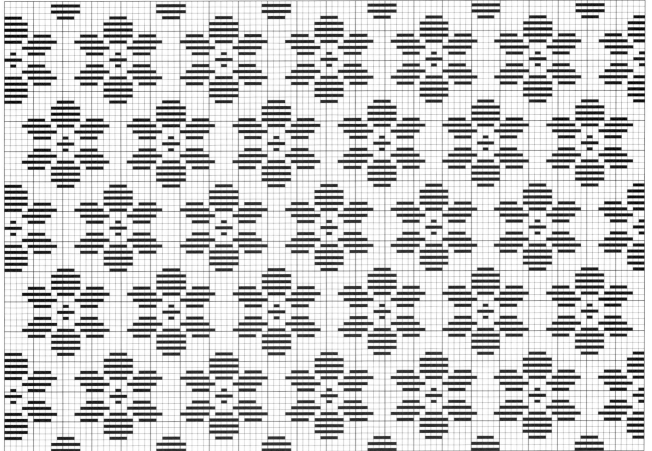

109

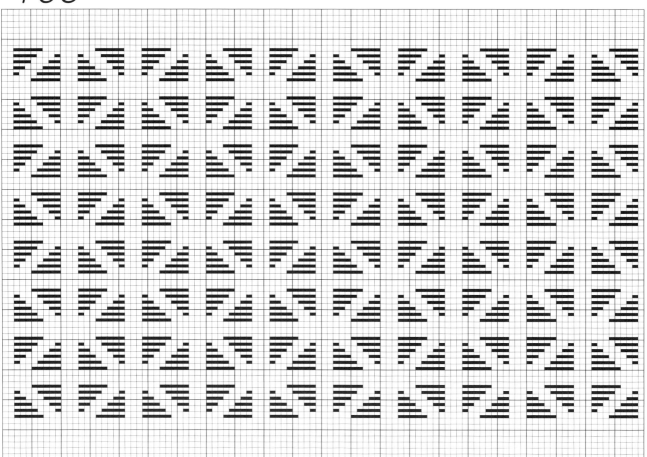

110

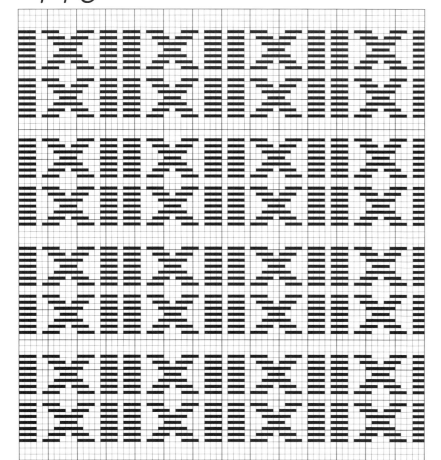

クリスマスツリー　43 × 31cm

（参考作品）

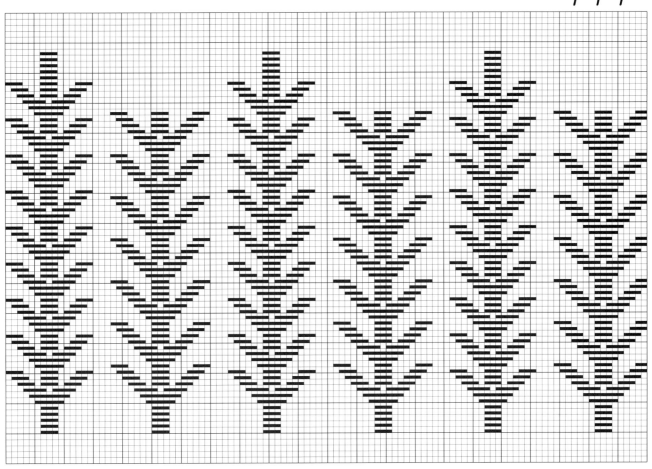

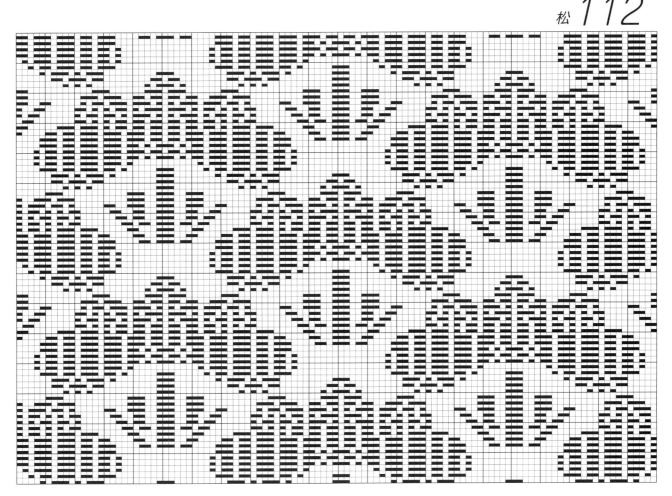

東海道五十三次　三条大橋　37 × 57㎝　（参考作品）

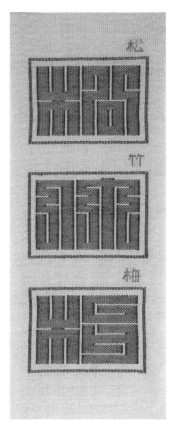

角字／松竹梅　78 × 30㎝

（参考作品）

113上　114下

115上　116下

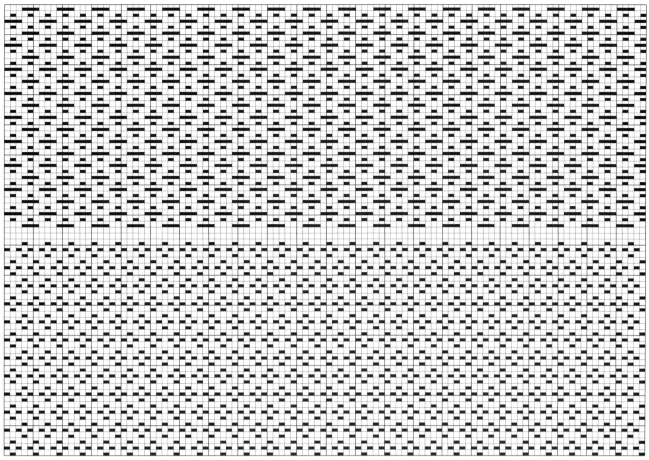

117

一本松　66 × 30cm（参考作品）

岩手県陸前高田市の "奇跡の一本松"
をこぎんに。

118

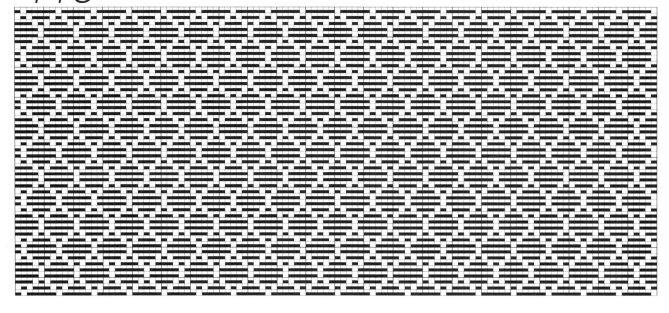

119

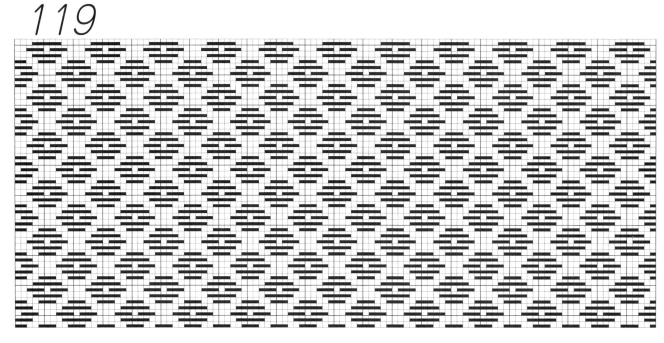

120

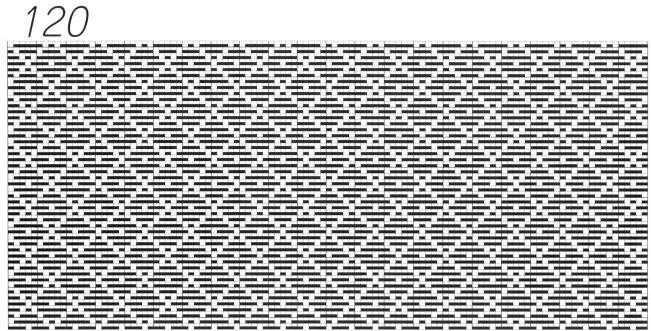

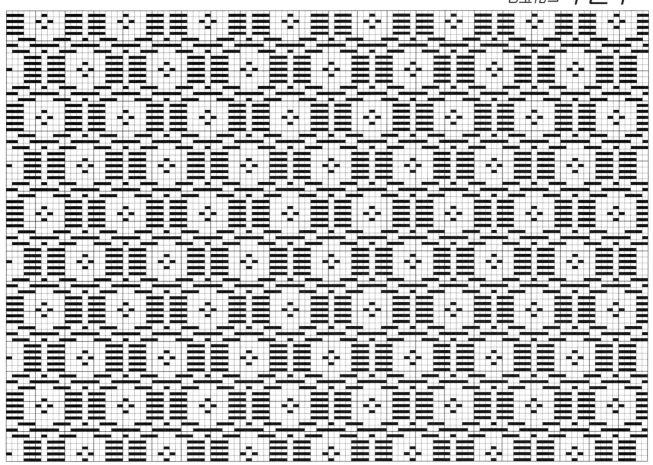

122

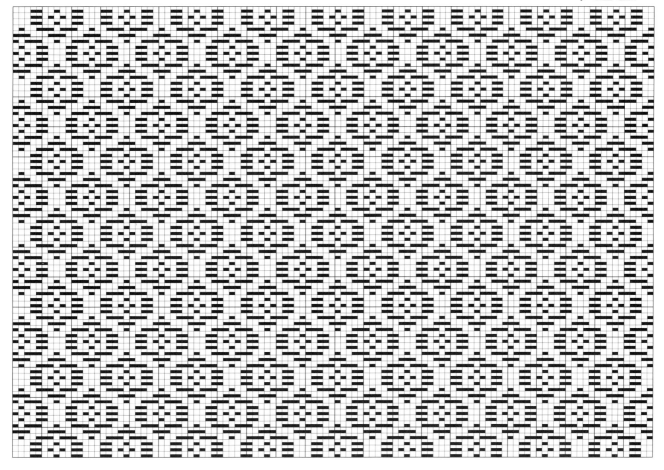

123 七宝づくし

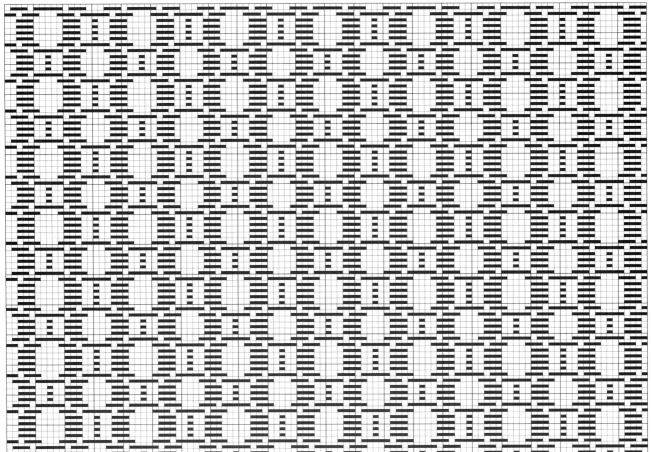

124

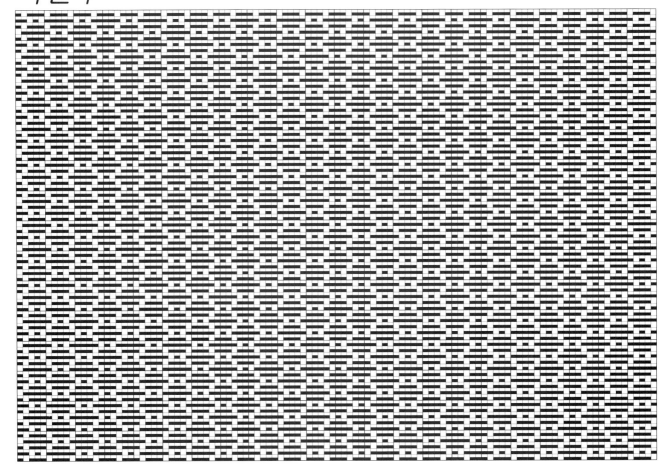

126

127

128

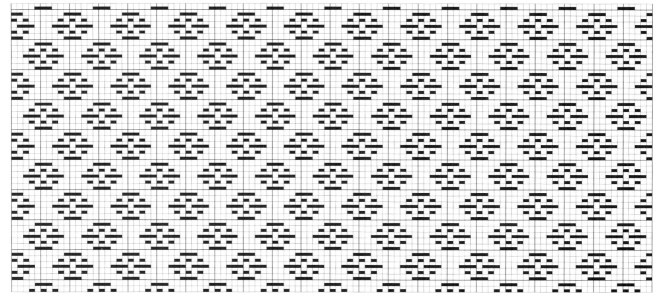

129

130

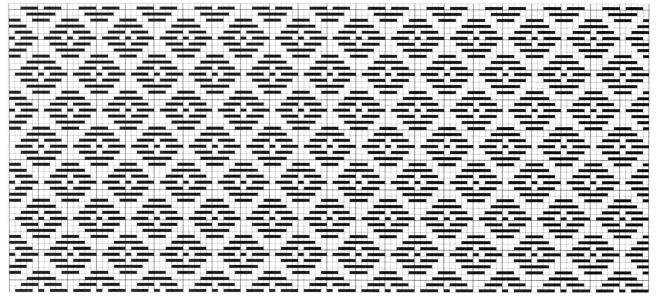

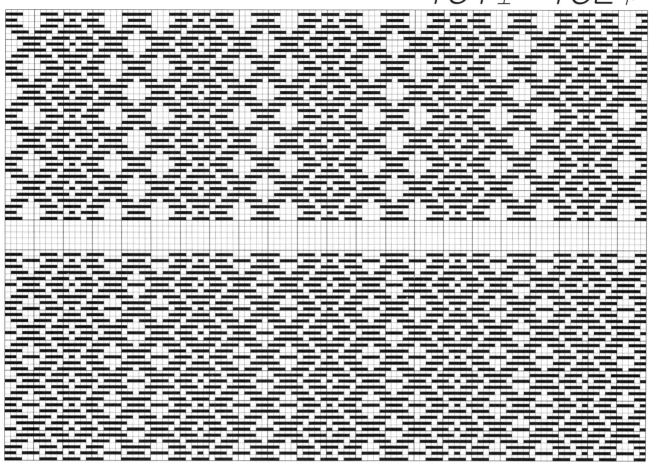

134

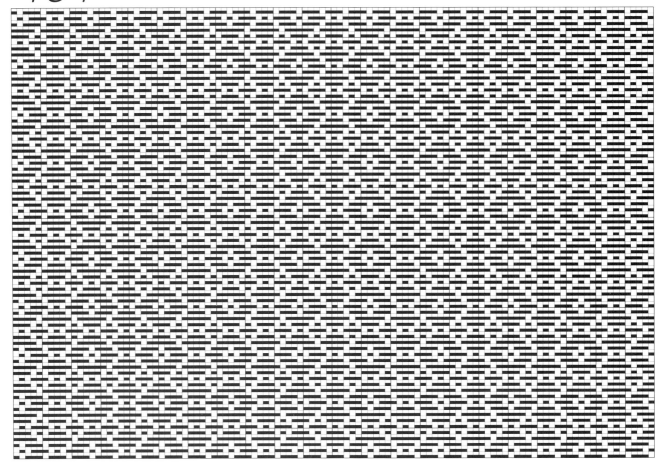

135

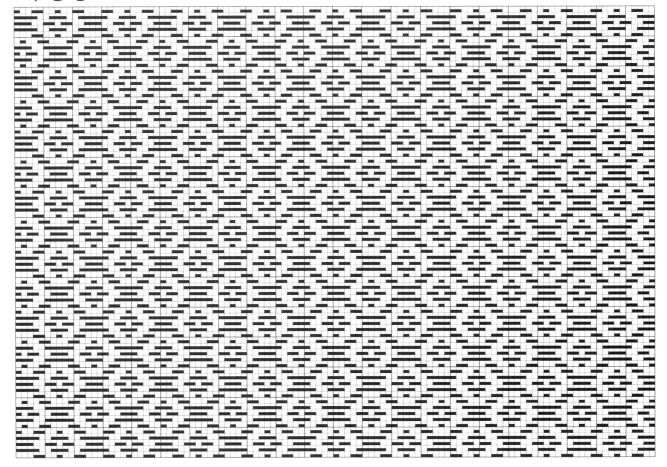

138 上　139 下

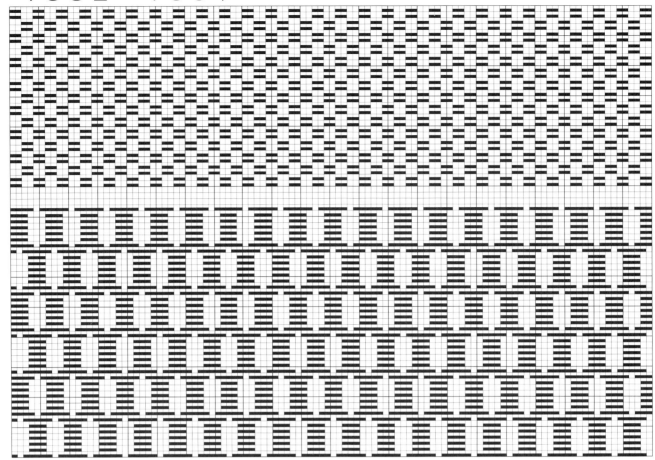

140

名刺入れ　6.5 × 11㎝
（参考作品）

バッグ　24 × 27 × 4.5㎝
（参考作品）

141

142

143

144

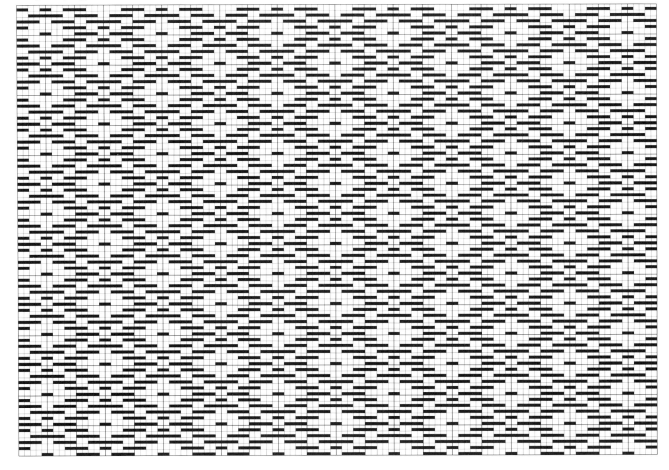

145

146

147

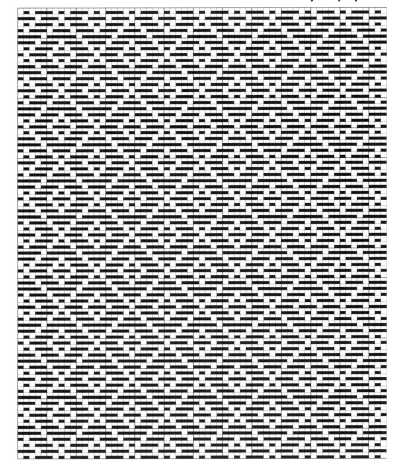

ショルダーバッグ　20 × 17 × 3cm

（参考作品）

148

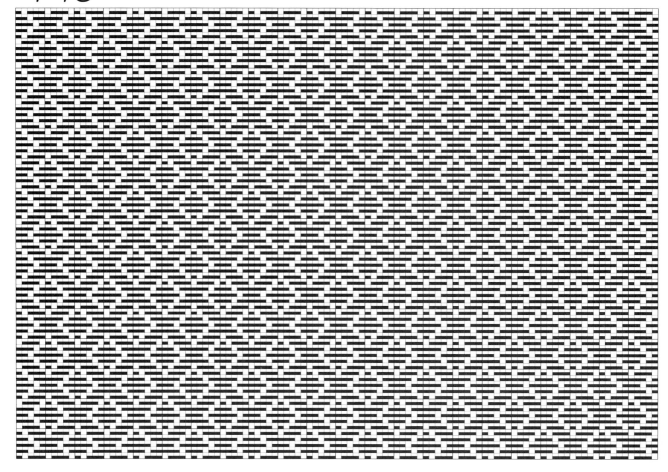

149

150

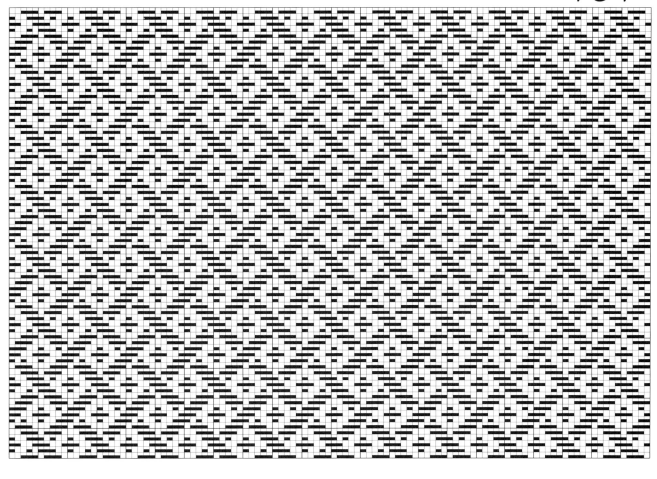

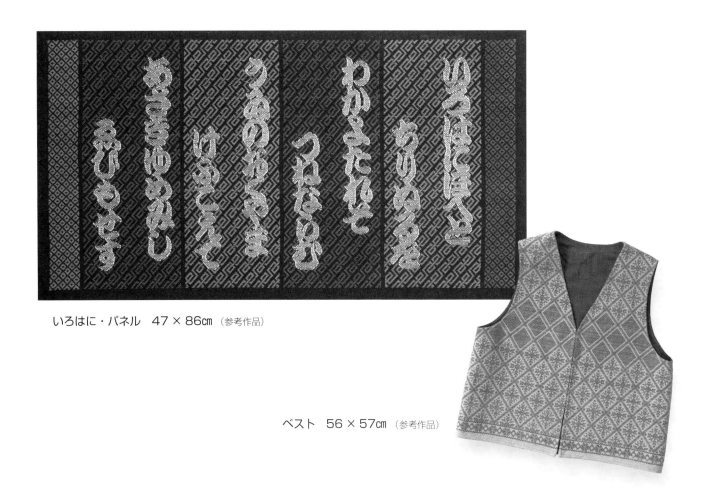

いろはに・パネル　47 × 86cm　（参考作品）

ベスト　56 × 57cm　（参考作品）

154上　155中　156下

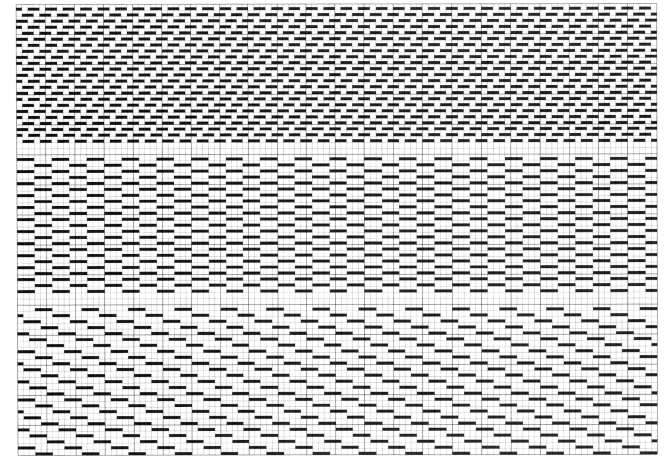

157

158

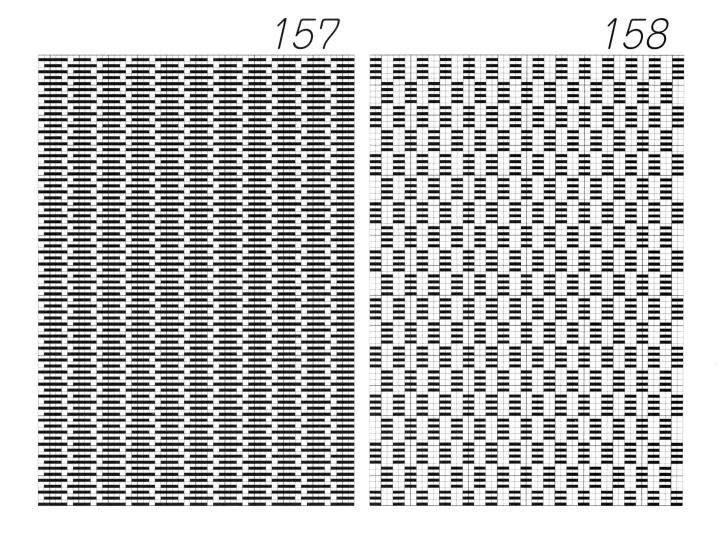

159

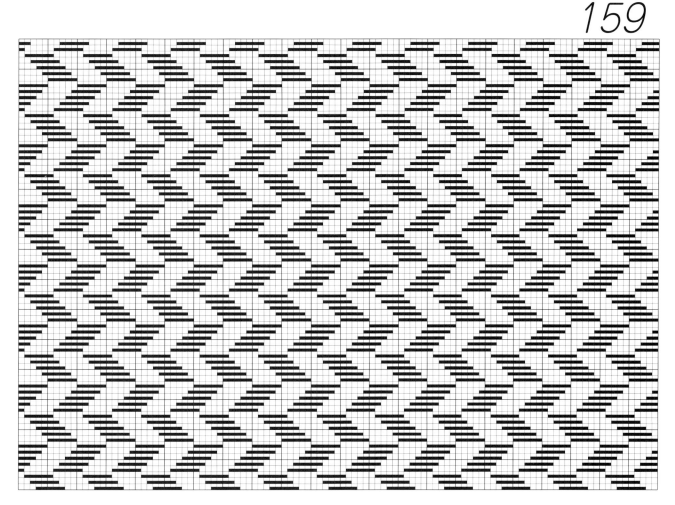

160

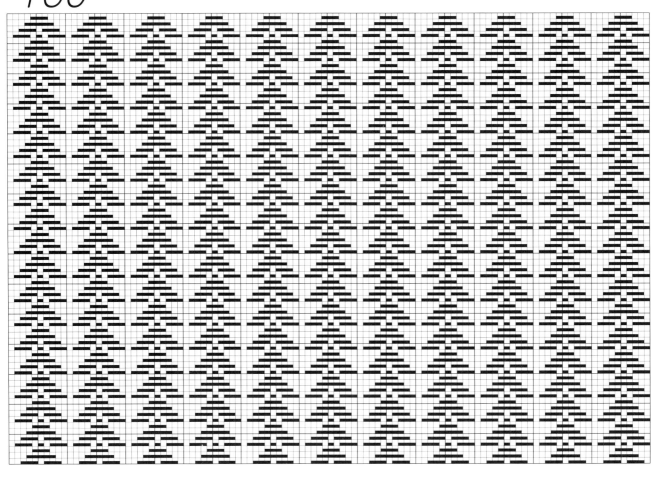

161

162

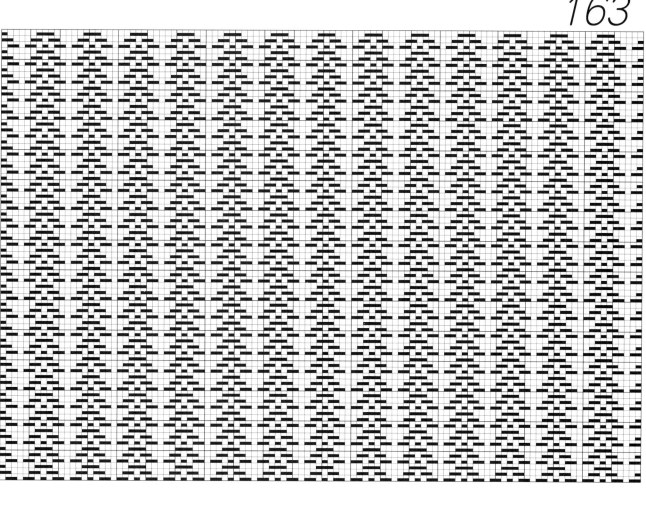

165

166

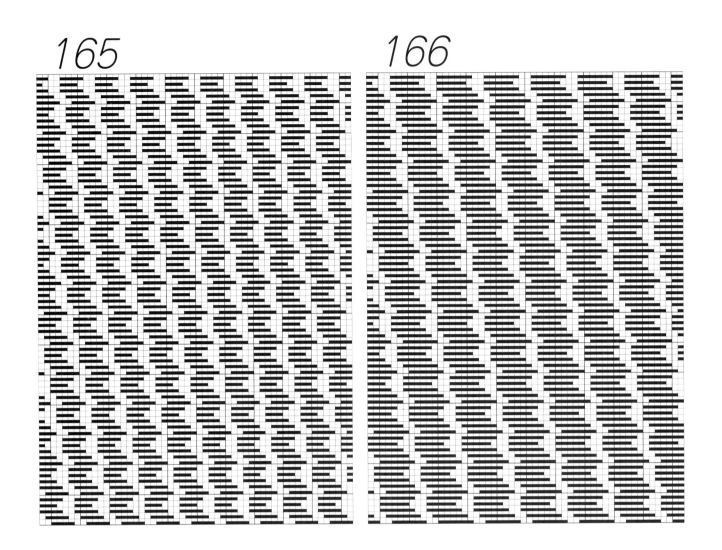

167上　168下

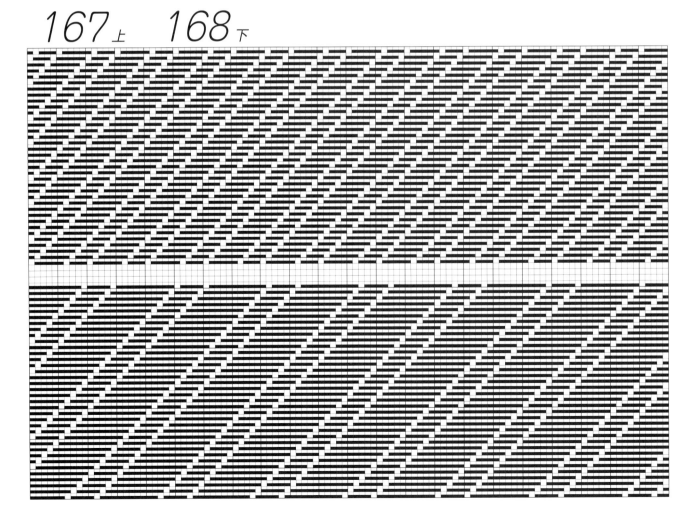

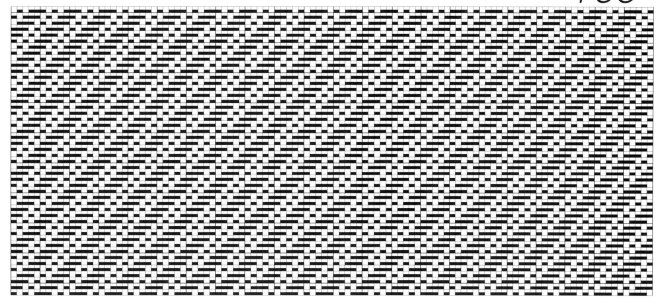

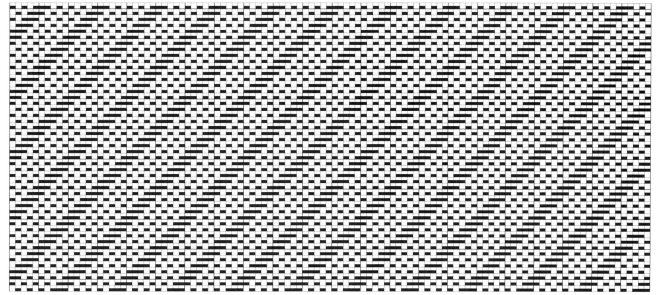

タペストリー　78 × 84㎝　（参考作品）

帯　356 × 30㎝
（参考作品）

メガネケース　20 × 9㎝　（参考作品）

171

コート　78 × 55（ゆき丈 75）㎝

（参考作品）

172

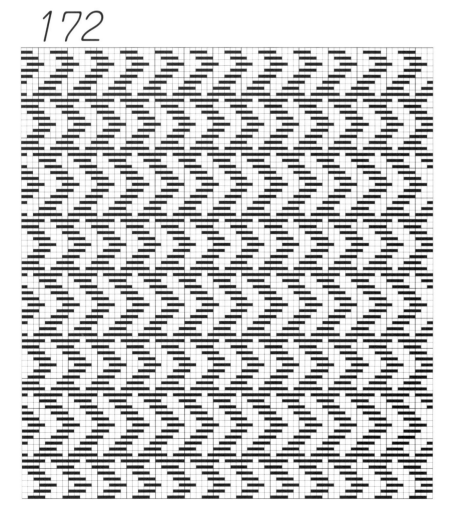

タペストリー　178 × 75㎝　（参考作品）

176

177

178

桜と富士　45 × 62㎝　（参考作品）

ブックカバー　14 × 11㎝

小物入れ　7 × 11 × 3㎝　（参考作品）

179

180

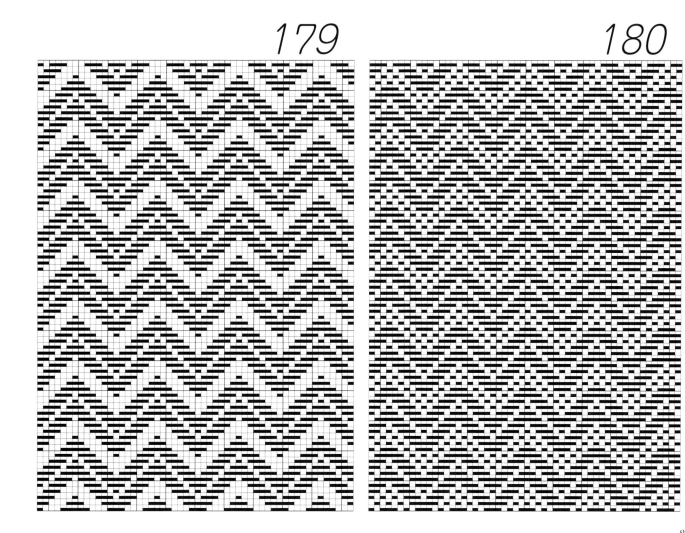

181

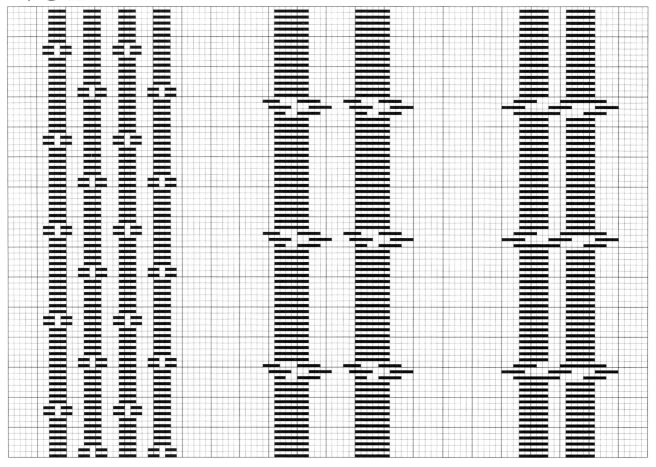

182 竹の節 三種

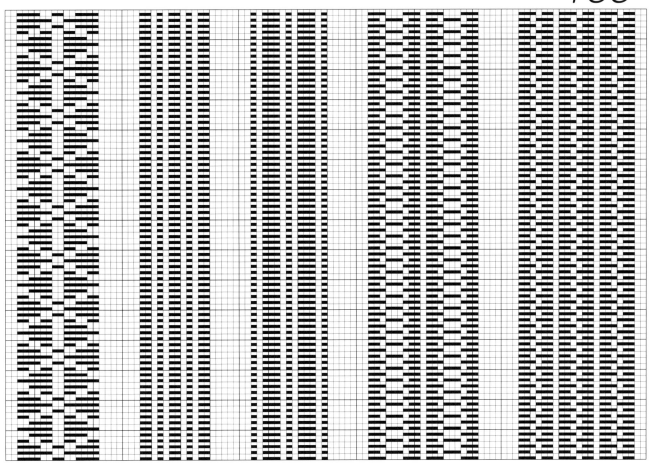

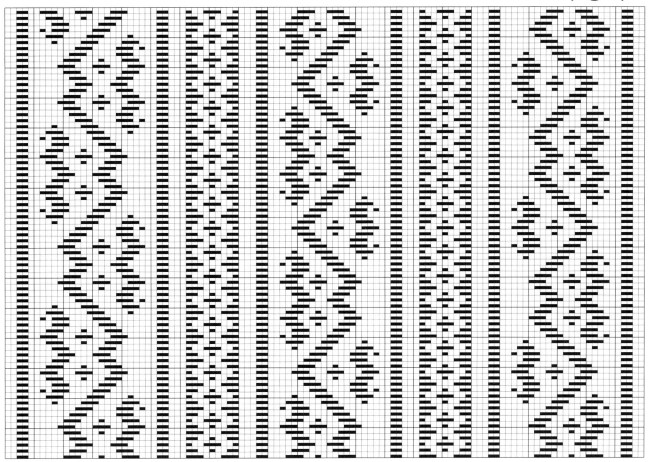

185

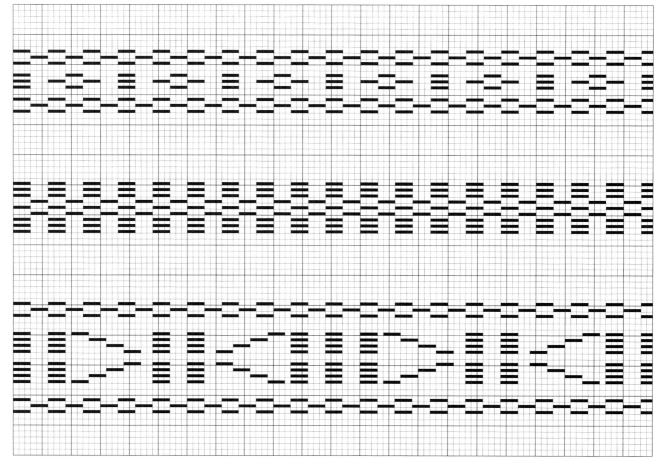

186

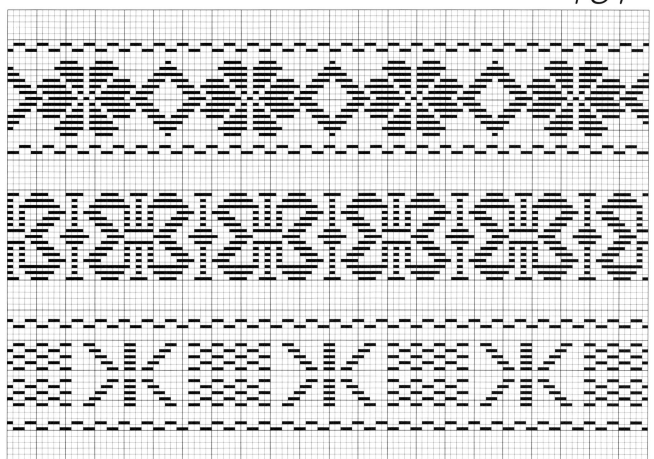

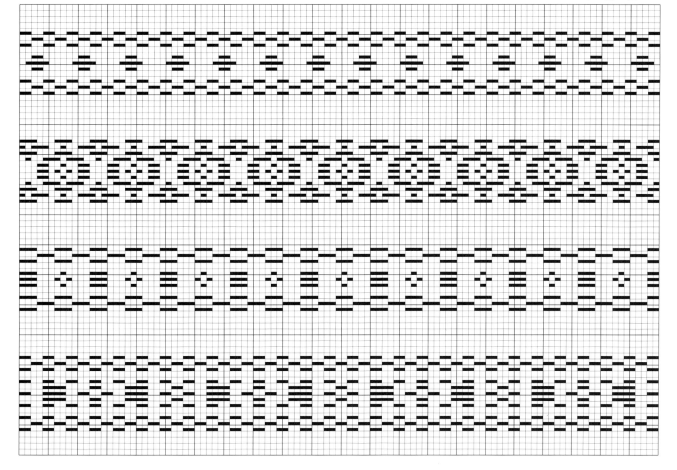

189

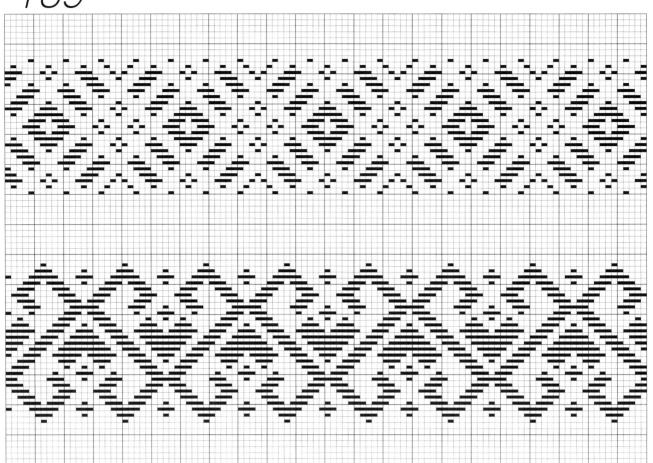

190

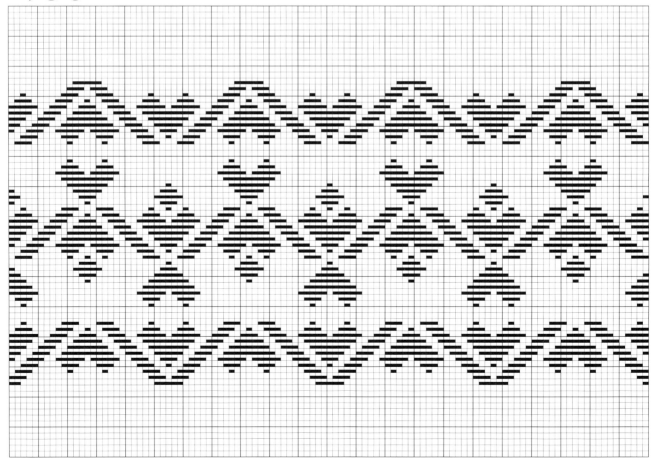

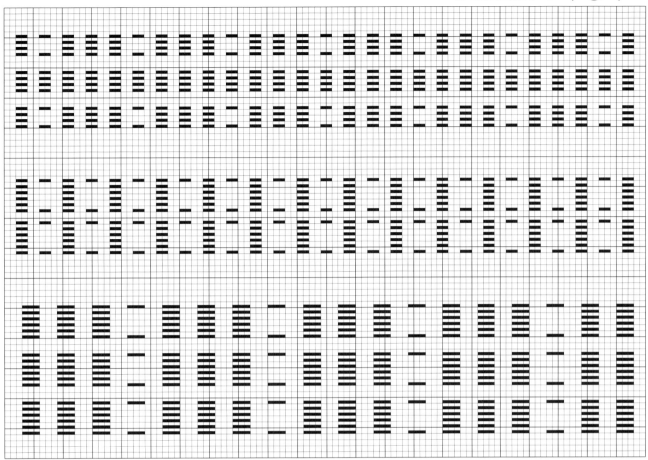

南無阿弥陀仏・掛け軸
175 × 46㎝（参考作品）

のれん　161 × 155㎝（参考作品）

192

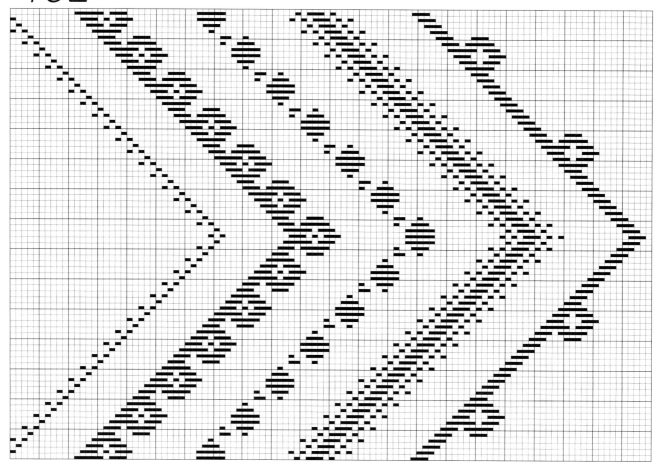

193

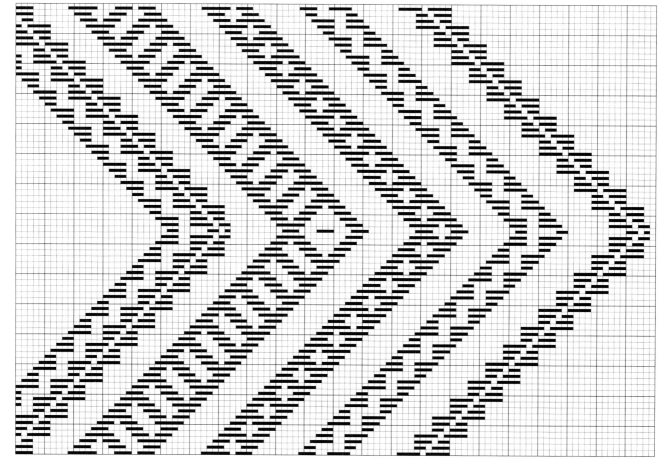

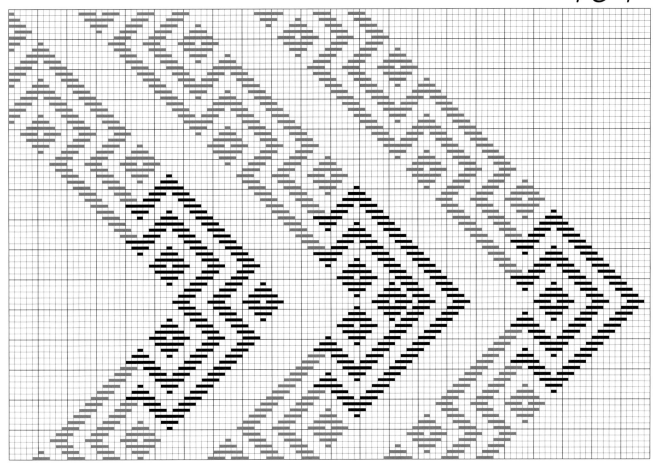

196

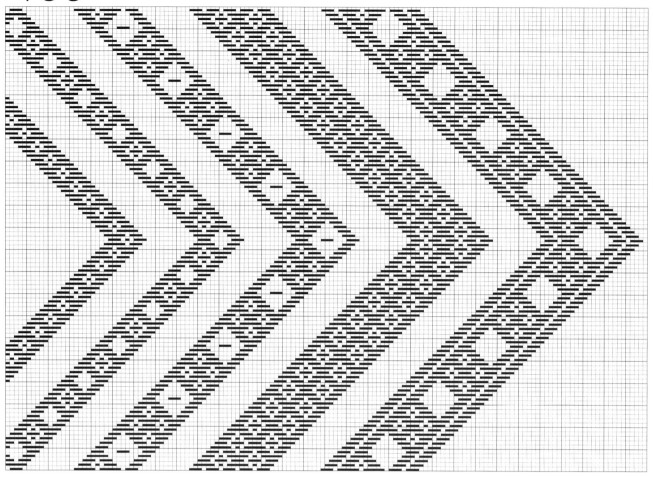

197

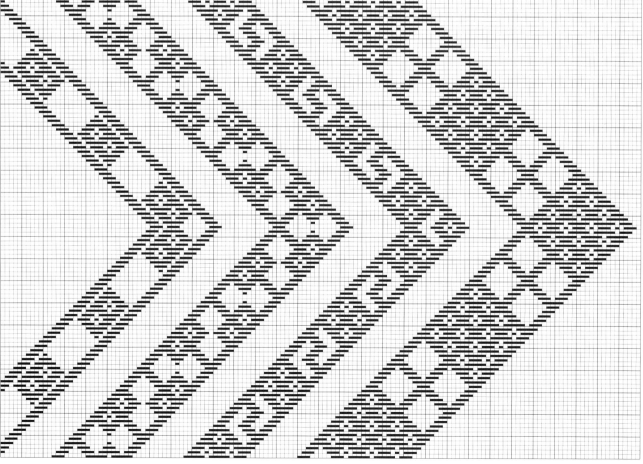

富士山　50 × 70cm （参考作品）

タペストリー　52 × 46cm　（参考作品）

ペーパーケース　12.5 × 12cm
ポーチ　9 × 16 × 3cm

（参考作品）

199

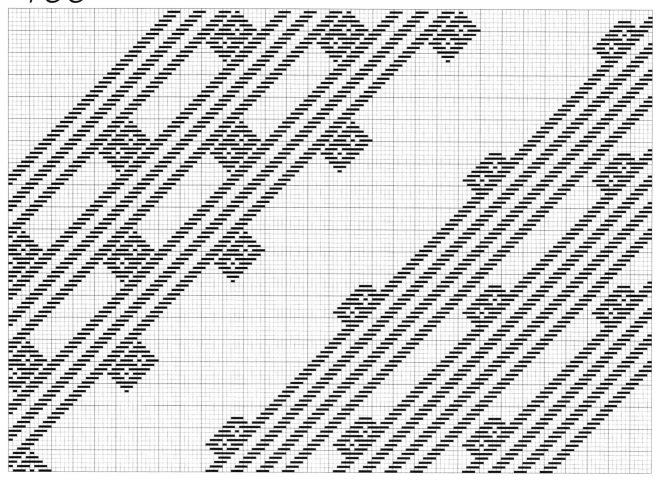

200

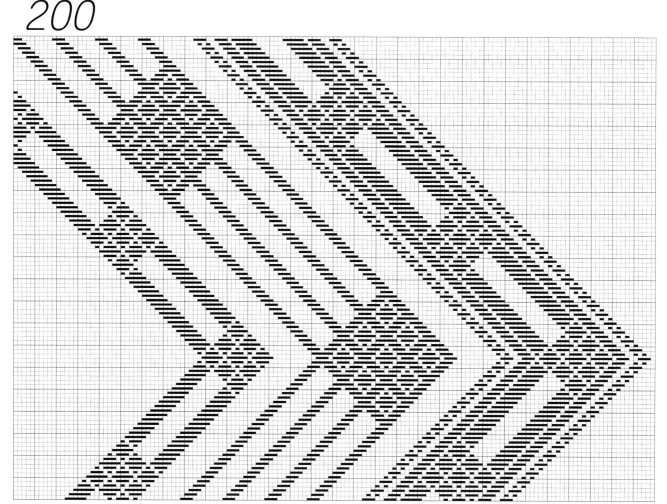

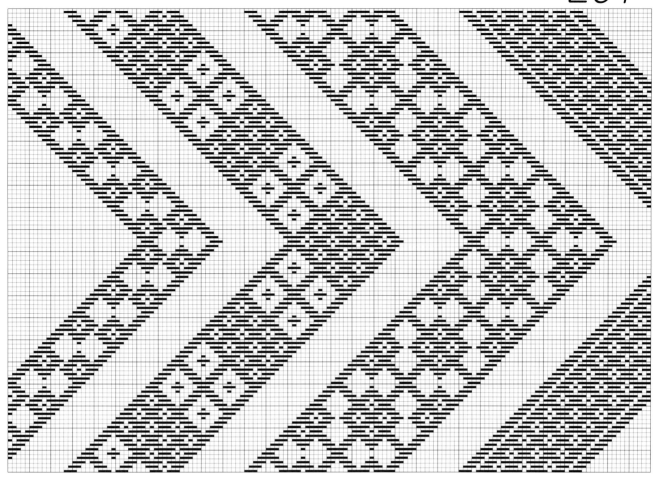

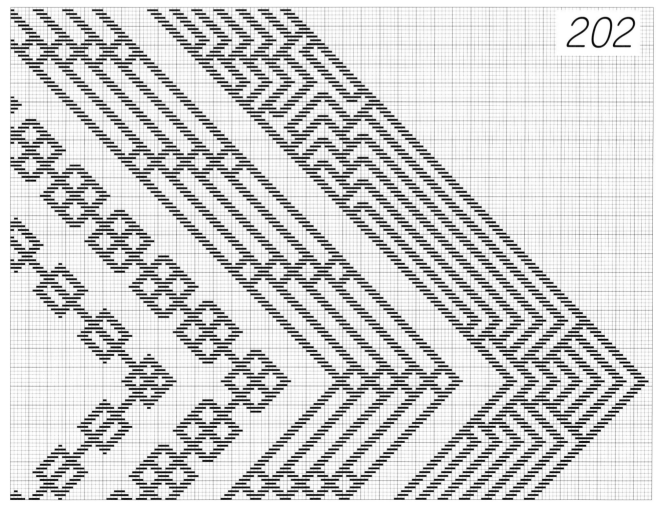

203

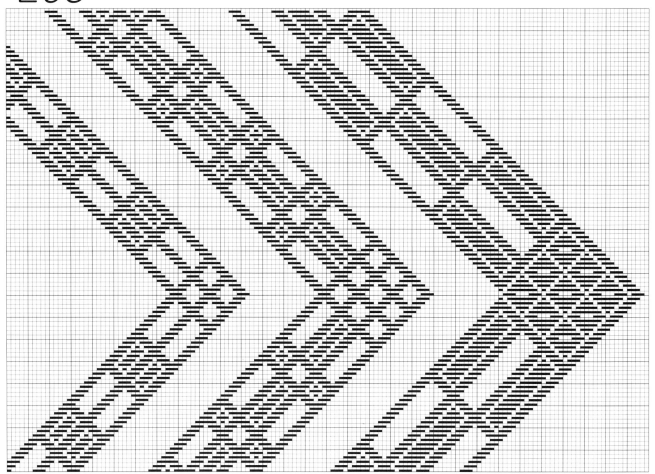

204

タペストリー　97 × 83㎝　（参考作品）

鶴　145 × 100㎝

（参考作品）

著者紹介

髙木裕子（たかぎ　ひろこ）

1967年　こぎん刺しに出会い、独学で刺し始める
1986年　コルマール市（フランス）に於けるNHK文化センター主催日本文化祭参加
1987年　こぎん刺しグループ木曜会創立。リュブリア市（ユーゴスラビア）に於けるNHK文化センター主催日本文化祭参加
1988年　ベオグラード市（ユーゴスラビア）に於けるNHK文化センター主催日本文化祭参加
1989年　横浜みつい画廊にてグループ展を皮切りに、毎年作品展を開催
　　　　　ザグレブ市（ユーゴスラビア）に於けるNHK文化センター主催日本文化祭参加
1991年　銀座八木画廊にてグループ展。ザルツブルグ市（オーストリア）に於けるNHK文化センター主催日本文化祭参加
1992年　プラハ市（チェコスロバキア）に於けるNHK文化センター主催日本文化祭参加
1993年　銀座八木画廊にてグループ展
1994年　銀座メルサにてグループ展
1995年　カンヌに於けるエールフランス主催日本文化祭参加
1996年　ブタペスト（ハンガリー）に於けるNHK文化センター主催日本文化祭参加
1998年　銀座八木画廊にてグループ展
2002年　東京都美術館にてJIAC国際美術展に出展、ビッグアーティスト賞受賞、以後会員として毎年参加
2005年　ボルドー市（フランス）に於けるNHK文化センター主催日本文化祭参加
2006年　グラーツ市（オーストリア）に於けるNHK文化センター主催日本文化祭参加
2007年　ローザンヌ市（スイス）に於けるNHK文化センター主催日本文化祭参加
2008年　マドリード市（スペイン）に於けるNHK文化センター主催日本文化祭参加
2009年　銀座松島ギャラリーにてJIAC国際美術展に出展（毎年作品展示）、第1回日仏文化交流展パリにて主催
2010年　悠美会国際美術展出展。ワルシャワ（ポーランド）に於けるNHK文化センター主催日本文化祭参加（現在、NHK国際交流祭に名称変更）。日本橋髙島屋こぎん刺し作品展（女の手仕事）～永六輔こぎん刺しコレクション展示～
2011年　第2回日仏文化交流展パリにて主催（第2回美術作家交流展 名称変更）
　　　　　ブレーメン（ドイツ）に於けるNHK文化センター主催日本文化祭参加
2012年　こぎん刺し木曜会株式会社設立。人形町教室開講。こぎん刺し木曜会人形町教室講師。NHK文化センター青山教室講師。石巻グランドホテルに東日本大震災慰問として友人（浅井紀子、草田弘子、長田百合子）等と共にそれぞれ作品を寄付し、こぎん刺し作品（髙木裕子）は数十点を寄贈
2013年　フィレンツェ市（イタリア）に於けるNHK文化センター主催国際交流展参加
2014年　日本橋髙島屋こぎん刺し作品展（女の手仕事）～永六輔こぎん刺しコレクション展示～
　　　　　コルマール市（フランス）に於けるNHK文化センター主催第28回国際交流展参加
2015年　東京都美術館にて悠美会国際美術展に出展
　　　　　以降2019年第44回悠美会国際美術展まで毎回出展
現　在　こぎん刺し木曜会主宰、こぎん刺し普及会代表、悠美会会長、日仏文化交流展代表。
　　　　　NHK文化センター講師（青山・人形町・町田・柏・ユーカリが丘・横浜・名古屋）、神戸新聞文化センター講師（三宮・姫路）、読売日本テレビ文化センター講師（大森）、リビングカルチャーセンター講師（静岡）、取手カルチャーセンター講師（取手）
著　書　「ちょっと素敵なインテリア こぎん刺し」「伝統のこぎん刺し こぎん刺し図案集165パターン」
　　　　　「伝統のこぎん刺し 続・こぎん刺し図案集118パターン」「伝統のこぎん刺し こぎん刺し作品図案集Ⅰ」（以上、マコー社刊）

制作協力者（五十音順）

講　師／川上　和子　　高来　敦子　　鈴木里恵子　　結城　裕子

石倉　厚子　江上　志保　江成美佐子　大熊　廣美　大平　和美　岡　信子　小川あや子　小田切純子　加藤　敦子
寒野由美子　佐藤　直美　杉田　恵　関根　佳子　高谷　治代　谷川　隆子　沼　準子　藤本美智子　母里　悦子
横井るみ子　和田　寛子

■伝統のこぎん刺し■

新・こぎん刺し図案集205パターン

著　者　髙木　裕子　　　　　Ⓒ Hiroko Takagi 2021
　　　　（たかぎ　ひろこ）　　Printed in Japan
発行者　田波　清治
発行所　株式会社 マコー社
　　　　〒113-0033 東京都文京区本郷4-13-7
　　　　TEL03-3813-8331　FAX03-3813-8333
　　　　郵便振替／東京 00190-9-78826　　　　　　令和3年7月27日 初版発行
印刷所　大日本印刷株式会社
編　集　菊地小夜子　田波美保

ISBN978-4-8377-0121-7　定価はカバーに表示してあります。落丁・乱丁その他不良の品は弊社でお取り替えいたします。